# DR. MYLES MUNROE



# CLAVES *para los* HOMBRES

WHITAKER
HOUSE

**Claves para los Hombres**
Publicado originalmente en inglés bajo el título *Keys for Men*

ISBN: 978-1-60374-187-3
Impreso en los Estados Unidos de América


Whitaker House
1030 Hunt Valley Circle
New Kensington, PA 15068
www.whitakerhouse.com

Dr. Myles Munroe
Bahamas Faith Ministries International
P.O.Box N9583
Nassau, Bahamas
E-mail: bfmadmin@bfmmm.com
www.bfmmm.com; www.bfmi.tv;
www.mylesmunroe.tv

Traducción al español realizada por:
Si Señor, We Do Translations / Jorge Jenkins
P.O. Box 62, Middletown, DE 19709 EE.UU.
(302) 376-7259
sisenortra@aol.com

Para comentarios sobre este libro o para información acerca de otros libros publicados por Whitaker House, favor de escribir via Internet a: publisher@whitakerhouse.com.



2 3 4 5 6 7 8 9 10 11 12 19 18 17 16 15 14 13 12

# Introducción

¿En qué consiste la verdadera hombría? ¿Cómo es que los hombres y las mujeres tienen que relacionarse los unos con los otros? ¿Cómo es que los hombres pueden convertirse en esposos y padres efectivos? Los conceptos contemporáneos de la virilidad muy frecuentemente son ambiguos. Ellos tienen la tendencia a enfocarse en las funciones, en lugar de enfocarse en el *propósito fundamental de los varones*—lo cual es una diferencia crucial. Algunas personas les gusta menospreciar y devalorar a los varones diciendo que estos son dominantes y agresivos, carentes de esperanza alguna, teniendo una necesidad natural de un completo ajuste total.

Todos estos asuntos anteriores reflejan una completa crisis *de identidad*. ¿Qué es lo que realmente significa ser un hombre? La verdadera naturaleza del hombre puede ser determinada solamente por medio de regresar al proceso original de su creación, basado en la premisa de que nadie conoce un producto como el fabricante que lo creó. Es imperativo que el hombre vuelva a descubrir su propósito original en Dios, y que llegue a entender su verdadero potencial, así como tener un claro entendimiento de su función principal dentro de la familia humana.

A través de *Claves para los Hombres*, tú vas a poder descubrir el propósito vital de Dios para el varón, las funciones complementarias de los hombres y de las mujeres, y la forma en que tú, como hombre, puedes edificar una vida mejor para ti mismo, para tu familia, tu comunidad, y tu nación.

*—Dr. Myles Munroe*

La literatura que se enfoca en cambiar la vida de los hombres ha indicado que el varón se encuentra en un estado de crisis y con un conflicto interno. Sin tener una idea clara de su identidad, los hombres están tratando de confrontar la colisión entre las expectaciones de una nueva sociedad y las ideas tradicionales de cómo debería de ser el hombre.

Lo que los hombres realmente necesitan descubrir es su propósito inherente. La posición y las acciones de un hombre deben fluir de su propósito y no al contrario.

Para poder descubrir el propósito de algo, nunca le preguntes a la creación; debes preguntarle al creador. Vamos a encontrar nuestro propósito solamente en la mente de nuestro Creador.

Dios creó todo con un propósito, y el propósito de Dios es la clave para nuestra realización. El propósito de las cosas determina su naturaleza, diseño, y características. Todo aquello que Dios planea es intencional, tiene un significado, y está garantizado para tener éxito.

Si los hombres pueden llegar a entender el propósito y las responsabilidades que Dios les ha dado, así como el verdadero diseño de sus relaciones con las mujeres, ellos podrían ser verdaderamente libres para realizar sus destinos y potenciales. Ellos pueden llegar a ser el tipo de hombres tal y como fueron originalmente creados.

El propósito inherente de los hombres trasciende culturas y tradiciones. Poseer el conocimiento de lo que significa ser un verdadero hombre jamás podrá ser adquirido por medio de observar la cultura tan confundida que esta alrededor de todos nosotros.

Los hombres deben adoptar una manera completamente diferente de pensar. Ellos necesitan comenzar a pensar en términos de *propósito inherente* en lugar de pensar en *funciones.* Las funciones nunca han sido la verdadera base de la identidad y valor del hombre. Las funciones pueden ser benignas o dañinas, pero a final de cuentas, solamente pueden reflejar la cultura y la tradición.

Si los hombres van a ser capaces de realizar su propósito como hombres, esposos, y padres, ellos tienen que volver a descubrir el plan que Dios ordenó para ellos. De otra manera, ellos solamente van a terminar lastimando a todos aquellos que les rodeen, aún si esto sucede en forma no intencional. Dondequiera que no se conoce el propósito, el abuso es inevitable.

Dios les ha dado a los hombres una influencia de liderazgo que es única. El hombre es la clave para poder edificar infraestructuras sociales estables y duraderas, familias estables, sociedades sanas, y naciones seguras. De la manera como el hombre se comporta, así lo hace la familia, la sociedad, y el mundo.

¿Qué es un "verdadero hombre"? Es alguien que conoce la realidad de quién es él, y que vive dentro de esa realidad. Este conocimiento comienza con el entendimiento del significado de haber sido creado con un propósito por Dios.

Dios creó a cada hombre con un propósito. Es muy posible hacer cosas buenas, pero que estas cosas no sean las mejores que podemos hacer, basados en los propósitos que Dios diseñó para ti.

Las buenas obras no son un sustituto para la justicia. El hecho de conocer y llegar a realizar tu propósito es la única manera de hacer lo que es correcto.

Los hombres no son experimentos divinos. Cuando Dios creó a los hombres, Dios ya había predeterminado lo que los hombres estaban supuestos a ser y a hacer.

Debido a que Dios creó todas las cosas con un propósito, los hombres necesitan acudir a Dios si es que quieren llegar a conocer la razón de su existencia. Si ellos tratan de cambiar los planes de Dios, entonces básicamente, se van encontrar peleando en contra de ellos mismos y en contra de la manera en que fueron diseñados para funcionar.

Si un hombre quiere conocer la razón de su existencia, él debe acudir a Dios y al Manual de Dios—la Biblia—y no a la opinión de otros hombres. Si él se mira a sí mismo o a otros hombres buscando respuestas, se va a embarcar en un viaje muy riesgoso y peligroso en esta vida.

El hombre va a poder realizar su propósito solamente si busca la mente de su Creador con todo su corazón. Cuando los planes de Dios se desenvuelven delante del hombre, su vida fragmentada se va a convertir en una totalidad ordenada, y entonces va a poder llegar a ser como el tipo de hombre que originalmente fue diseñado.

La respuesta para los hombres en el siglo veintiuno es: (1) definir su autoestima, basados en el propósito de Dios, en lugar de abrazarlo en los roles y funciones de la sociedad, (2) aprender la visión de Dios para su vida, y (3) seguir viviendo en la verdad para lo cual fueron diseñados y creados originalmente.

Un hombre puede ser capaz de ver el resultado de los propósitos de Dios en su vida con veinte años de anticipación hacia el futuro o solamente con un día de anticipación. Pero si él se encuentra viviendo en los planes que Dios diseñó para él, entonces ha podido encontrar la clave para su existencia.

Cuando Dios creó al hombre, Dios básicamente sacó al hombre de Dios Mismo, de tal manera que la esencia del hombre pudiera ser justamente como Dios, debido a que *"Dios es espíritu"* (Juan 4:24), Dios creó al hombre como espíritu, y el espíritu es eterno.

El hombre es la razón del universo. Yo jamás dije que el hombre es el centro del universo. Dios el centro de todo lo que existe.

El plan de Dios para la creación fue este: a medida que Dios gobernaba el medio ambiente invisible en los cielos, el hombre gobernaría el medio ambiente visible en la tierra, y de esta manera, Dios y el hombre podrían disfrutar de una comunión continua por medio de sus naturalezas espirituales.

Dios no quiere que el hombre trabaje para El; Dios quiere que el hombre trabaje con El. La Biblia dice que somos *"colaboradores de Dios"* (2ª Corintios 6:1).

"Y *Dios creó al ser humano a su imagen; lo creó a imagen de Dios. Hombre y mujer los creó*" (Génesis 1:27). Después de que Dios creó al hombre—el ser espiritual creado en la imagen de Dios—Dios colocó al hombre en dos "casas" físicas; que son hombre y mujer.

Dios diseñó y equipó al hombre para que pueda llevar a cabo cualquier propósito y función que Dios le ha dado.

El propósito del hombre—el ser espiritual—y el propósito del varón—el ser humano—son dos cosas diferentes. El varón fue creado para servir las necesidades de la raza humana en la tierra y para capacitar a la raza humana para que puedan cumplir su propósito divino.

El varón fue diseñado por Dios para ser el fundamento de la familia humana. La mujer salió del hombre, en lugar de salir de la tierra, debido a que ella fue diseñada para tener al hombre como su apoyo.

Cuando los hombres tienen grietas en las estructuras de sus vidas, si ellos no llegan a aprender lo que significa ser un fundamento fuerte en Dios, entonces, tanto sus familias como todos los demás que reciben su influencia se van a encontrar en un terreno muy inseguro.

Cuando Dios creó primero al hombre, Dios no estaba tratando de decir que el hombre es más importante que la mujer. Dios estaba diciendo que el hombre tiene una responsabilidad específica.

El propósito del varón es proveer fundamento a la estructura de la vida. Aunque el fundamento es importante, no es más importante que las otras partes del edificio.

Los hombres necesitan vivir como el fundamento para el cual fueron creados. El simple hecho de permanecer firme y mantener el hogar estable, de tal manera que tu familia siempre pueda recargarse en ti y saber que tú no te vas a agrietar.

Hombres, cada vez que ustedes permitan que la historia negativa forme una predicción de su futuro, su presente se encuentra en problemas. Estamos aquí para *crear* historia.

No importa quién fue tu abuelo. El asunto más importante es lo que tus *nietos* van a decir acerca de ti.

Un buen hombre no sólo deja una herencia de dinero y propiedades, él deja un patrimonio completo, algo para pararse firme, algo para poder sostenerse a través de toda la vida.

La prioridad del hombre en la creación no sólo significa que él fue diseñado para ser el fundamento de la familia humana, sino que también fue el primero en tener una relación con Dios, en experimentar la creación de Dios, y en recibir las instrucciones de Dios.

El propósito principal del hombre es permanecer en la presencia de Dios; El no fue diseñado para funcionar fuera de la presencia de Dios.

El propósito del hombre fue escogido por Dios, y esto muy bien puede ser resumido como *su prioridad*, *su posición* y *su tarea que tiene que cumplir.*

La *prioridad* del hombre significa que él fue formado primero a fin de ser el fundamento de la familia humana.

La *posición* del hombre significa que él tiene que permanecer continuamente en la presencia de Dios. Si no hace esto, él no puede funcionar en los propósitos que Dios le diseñó.

Las tareas asignadas al hombre revelan seis propósitos específicos para los cuales Dios lo creó: *visionario, líder, maestro, cultivador, proveedor, y protector.*

Hombres, ser un proveedor significa suplir no sólo el apoyo económico, sino también el apoyo emocional e intelectual.

Dios nunca tuvo la intención de que Adán se saliera del jardín del Edén. Dios tenía la intención de *que el jardín se moviera sobre toda la tierra*. Dios quería que Adán tomara la presencia del jardín del Edén, y que la esparciera a través de todo el mundo.

El problema con muchos de nosotros como hombres, es que pensamos que no necesitamos a Dios, siendo que de hecho, Dios es la primera cosa que nosotros necesitamos.

¿Cuál fue la primera cosa que Dios le dio al hombre? Dios no le dio una mujer, un trabajo y ni siquiera un mandamiento; Dios le dio Su Misma presencia.

No es suficiente el sólo hecho de ir a la iglesia. Necesitamos mantenernos en contacto con Dios constantemente, escuchando la voz de Dios, escuchando Sus mandamientos, y siguiendo Su dirección.

Dios creó dentro del varón la necesidad de tener la presencia de Dios. Es la razón de que todos los hombres están buscando a Dios de una manera o de otra, ya sea que quieran reconocerlo o no.

Dios tenía la intención original para el hombre de que éste creciera en la habilidad de poder dominar, por medio de aprender a dominar el área donde él había sido colocado.

Dios no nos da más de lo que podamos manejar. Dios siempre nos da lo suficiente, a fin de poder entrenarnos para el resto.

Es muy peligroso poseer todas las cosas, al mismo tiempo, y en un mismo momento dado. Dios no solamente nos promueve. Primero, Él nos califica para la promoción. Si tú has podido ser fiel en lo poco, entonces tú responsabilidades se van a extender mucho más.

(Favor de ver Mateo 25:14–23).

Al hombre se le dio la tarea de ser el visionario y líder—y es el que debe de guiar a todos aquellos que lo siguen en los caminos de Dios. Todo aquello que se necesita para poder guiar a la familia se encuentra creado dentro del varón.

El propósito del varón no fue escogido por el varón mismo, sino que fue escogido por Dios. Cualquiera que sea tu propósito, de ahí es de dónde se deriva tu posición.

Hombres, ustedes son quienes tienen que ser los responsables, ya sea que les guste o no. Si tú huyes de tu responsabilidad, esta responsabilidad va a correr detrás de ti, porque no se trata de una función solamente; es un propósito dado por Dios.

La naturaleza del trabajo que le fue dado al hombre para que realizara en el jardín del Edén no era un trabajo insignificante—se trataba de cultivar todas las cosas.

El propósito del varón es desarrollar y cultivar tanto a las gentes, como a las cosas para la gloria de Dios.

*El trabajo expone tu potencial.*

Tú no puedes mostrar lo que tienes dentro, a menos que se realicen demandas sobre ello, y estas demandas son colocadas por medio del trabajo.

Dios le dio al hombre el trabajo porque tiene que ver con su propósito, el cual es gobernar y administrar todo lo que Dios le ha dado.

Incluso un hombre que conoce y que vive en su propósito no se encuentra completo, de acuerdo a lo que dice Dios. El varón necesita una compañera o una ayuda idónea—no como un subordinado o alguien a quien humillar, sino como un socio igualitario con un propósito complementario.

Tanto los hombres solteros, como los hombres casados necesitan a las mujeres como compañeras y colegas en su trabajo que tienen que realizar en este mundo, si es que quieren llegar a realizar su propósito en esta vida.

Si tú como hombre—ya sea que te encuentres casado o soltero—crees que tú no necesitas de las mujeres, tú te estás perdiendo un aspecto muy importante de tu existencia.

La mujer es el complemento perfecto del varón y el socio igualitario dentro de los propósitos de Dios. Ella es la compañera dada por Dios. Todo lo que existe en ella fue diseñado para ayudar al hombre.

Dios creó a los hombres y a las mujeres para que dominaran la tierra, y no para que se dominaran los unos a los otros.

Después de la caída de la humanidad, tanto los hombres como las mujeres continuaron gobernando, pero su relación estaba distorsionada. En lugar de igualdad, existía una falta total de equilibrio.

El diablo tiene miedo del poder que podría ser impartido a través de la unidad de un hombre y una mujer, estando ambos dedicados a los propósitos de Dios.

A través de toda la historia, ha existido una tendencia controladora que en forma muy especial ha disminuido el verdadero propósito del varón, y ha dado como resultado el esparcimiento de la devaloración de las mujeres—impidiéndole tanto a los hombres como a las mujeres realizar sus propósitos en Dios.

Hombre para controlar todas las cosas, viene de un falso entendimiento de creer que su propia naturaleza debe funcionar para dominarlo todo. En su verdadera forma, el ego del hombre no es negativo, sino positivo. El problema es que la pasión que tiene el hombre para probar su fuerza ha sido pervertida y abusada por el diablo y por la naturaleza pecaminosa.

Muchos hombres tienen grandes músculos, pero al mismo tiempo son muy débiles en su mente, corazón, disciplinas, responsabilidades y espíritu. Por eso es que sienten la necesidad de tener músculo excesivo—para esconder las debilidades que poseen en estas otras áreas.

Un hombre fuerte es aquel que puede entender la fuerza que Dios le dio—un hombre que ha llevado al máximo su potencial para el propósito por el cual fue creado.

Cada vez que tú tomas tu posición por el uso de la fuerza, tú te has salido de tu posición legal.

Toda vez que el hombre comienza a dominar a otro ser humano, él se encuentra completamente fuera de la voluntad de Dios. Los hombres fueron creados para dominar la tierra, y no los unos a los otros. Cuando esto ocurre, y el poder es abusado, entonces, ha perdido toda su verdadera autoridad.

Cualquier hombre que tiene que forzar a una mujer para que se les someta, no merece el sometimiento de nadie. El no es digno de ningún tipo de sumisión; se ha convertido en un traficante de esclavos.

"*El amor perfecto echa fuera el temor*" (1ª Juan 4:18). Esto significa que si un hombre tiene que inspirar temor en una mujer a fin de forzarla a que haga algo que él quiere, entonces, él no sabe lo que es el amor.

Seguimos a Jesús por qué Él sí sabe adónde se dirige, Él sabe cómo llegar allá, Él es el Único Camino, y nos gusta hacia dónde Se está dirigiendo. Y mayormente, Su amor nos atrae hacia Él.

No le recites las Escrituras a una mujer, a menos que tú te estés comportando como Jesús lo hizo. Cuando tú comiences a actuar de la manera como Jesús actuaba, tú no vas a tener que demandar el sometimiento de tu esposa.

Cuando tú comienzas a amar a tu esposa de la misma forma como Jesús la ama, cuando tú comienzas a perdonarla de la misma forma como Jesús la perdona, cuando tú comienzas a cuidarla y a escucharla de la misma forma como Jesús lo hace, ella hará cualquier cosa por ti—porque ella quiere a un hombre exactamente como Jesús en el hogar.

Jesús jamás le ordenó a nadie que
Lo siguiera. Él siempre preguntó,
porque Él sabía quién era Él,
y hacia donde se dirigía.

Si un hombre quiere ser un verdadero líder, él debe aprender quién es él en Dios, y debe convertirse en alguien que merece el respeto—alguien que ama, guía, e inspira, en lugar de tratar de forzar a otros para que hagan lo que él quiere.

Dios no va a abandonar la responsabilidad de liderazgo del hombre, a fin de favorecer los cambios en las actitudes culturales con relación a las funciones de los géneros.

Si los hombres pudieran darse cuenta que el dominio tiene que ser ejercitado sobre el mundo, y no sobre otras gentes, y que los hombres y las mujeres son iguales pero diferentes, y que los hombres y las mujeres se necesitan los unos a los otros, entonces podríamos avanzar grandemente en la restauración de relaciones armoniosas entre los hombres y las mujeres, y en el plan de Dios para toda la humanidad.

No puede existir un verdadero dominio sobre la tierra, a menos que el diseño original de Dios esté intacto. La manera en que fuimos diseñados se debe al propósito de nuestra existencia.

El plan de Dios es combinar las cualidades y fortalezas de los hombres y de las mujeres, para producir resultados exponenciales—resultados mucho más grandes de lo que podrían realizar individualmente.

Ser un visionario es la responsabilidad fundamental del varón, porque sin esto, él no puede realizar sus otras tareas como líder, maestro, cultivador, proveedor, y protector.

Tener visión significa ser capaz de concebir y de moverse hacia tu propósito en la vida.

La única manera cómo puedes descubrir tu visión es escuchando lo que Dios te está diciendo. Dios tiene una visión para cada varón, debido a que el varón *fue creado* para ser un visionario.

El varón fue *diseñado* para ser un visionario. El es capaz de mirar a la perspectiva total de la vida y de planear el futuro desde un punto de vista lógico y muy práctico.

Dios siempre provee para la visión que El da. Tu responsabilidad es sostener y apoyar la visión hasta que ella pueda dar todo su fruto.

Tener visión significa que tú puedes ver el final de tu propósito. Significa que tienes fe en Dios y que Dios te lo reveló de esta manera, y que tú te estás moviendo continuamente hacia tu visión, a medida que la visión se acerca hacia ti.

Si tú ves al modelo de Dios en la Biblia, al hombre le es dada la visión, pero la mujer se encuentra a su lado para asegurarse de que el hombre la llegue a realizar.

Muchos hombres no tienen una visión para su vida, debido a que no se han entregado ni dedicado a Dios, y tampoco han buscado la voluntad de Dios en esta área. Si un hombre no tiene relación alguna con Dios, él no puede funcionar completamente en su propósito.

El ejemplo que Jesús estableció para nosotros con su propia vida nos muestra la necesidad que tenemos de estos elementos tan importantes que tienen que ver con el propósito: una imagen muy clara de uno mismo y una vida consistente con el propósito y el llamamiento que uno ha recibido.

La verdadera visión sólo puede ser hallada en la presencia de Dios. Jesús Mismo estaba en contacto continuo con el Padre Celestial, a fin de poder saber cómo realizar el propósito Celestial en Su vida.

La cosa más importante que un hombre puede hacer es reconocer el liderazgo de Cristo Jesús, y dedicarse a seguirlo diariamente, a fin de poder recibir dirección de Jesús.

Tú no vas a poder realizar tu propósito como hombre hasta en tanto no llegues a escuchar la voz de Dios. Tú no estás realizando tu propósito como hombre hasta que tú comiences a declarar y a afirmar la Palabra de Dios en tu vida.

Si queremos poder realizar las tareas y responsabilidades del dominio que tenemos, debemos hacerlo a través del Espíritu de Cristo, a medida que seguimos la voluntad de Dios.

Los hombres deben funcionar como sacerdotes en sus hogares. Ellos necesitan mantenerse cerca de Dios para que puedan decirle a su familia lo que Dios les está diciendo a ellos.

Un hombre necesita tener una visión muy clara de estas tres cosas: (1) quién es él en Dios, (2) cuál es su propósito general como hombre, y (3) cuál es su propósito como hombre en lo individual.

Ningún hombre tiene el derecho de guiar a una mujer si él no tiene la habilidad de escuchar a Dios. *"Donde no hay visión, el pueblo se extravía"* (Proverbios 29:18).

Los hombres necesitan la visión, incluso antes de la disciplina, debido a que la disciplina viene de la visión. La disciplina viene a medida que tú planeas, y a medida que haces sacrificios, a fin de realizar tu visión.

Dios está muy interesado en aquellos hombres que tienen visiónes de Él y que pueden sostener, apoyar y nutrir a sus familias, así como a los demás, a medida que se mueven hacia la realización de estas visiones, y en búsqueda de los propósitos divinos.

El varón no es la cabeza de su hogar debido a que tenga que dirigir. Él tiene que dirigir debido a que es la cabeza. Su posición es inherente.

El varón fue diseñado para poseer un *liderazgo responsable*. El tiene que dirigir y ser responsable por todo aquello que se encuentra bajo su jurisdicción.

Un verdadero hombre nunca ignora la autoridad. El permanece en el jardín de la presencia de Dios, orando y leyendo la Palabra de Dios, de tal manera que pueda entender y obedecer todos los mandamientos de Dios.

Dios no está buscando hombres abusivos y controladores. Dios está buscando a un líder que sea fructífero, por medio de dejarse podar cada vez que sea necesario, a fin de poder llevar una cosecha más grande y mucho más saludable.

El varón fue creado para ser el líder espiritual y el maestro de su familia. El varón ha sido diseñado con la capacidad para realizar su propósito de enseñanza.

Si un hombre no tiene el conocimiento y la capacidad para enseñar a su familia la Palabra de Dios, entonces él no se encuentra listo para el matrimonio. ¿Acaso conoces la Palabra de Dios? Debes hacer una prioridad el hecho de estudiar y obtener conocimiento de la Biblia.

Si tú quieres que Dios te considere como Su amigo, entonces debes convertirte en un maestro en tu propio hogar. Tú tienes que estar lleno de la Palabra de Dios para poder compartirla con tu familia.

Si tú puedes cuidar de tus hijos, entonces Dios te dice, "Muy bien, ahora tú puedes dirigir Mi iglesia". Si tú puedes administrar tu hogar, entonces tú puedes administrar la casa de Dios.

Tú no puedes enseñar algo si tú no estás siendo un ejemplo de ello. Un buen maestro es aquel que enseña a través de su propio ejemplo.

Un padre debería ayudar a sus hijos a descubrir sus dones y talentos. El debería afirmar y motivar sus realizaciónes, y decirles todo aquello que ellos pueden llegar a ser en la vida, para que ellos obtengan una visión positiva, la cual esté basada en la fe en Dios.

Si un hombre debe amar a su esposa de la misma forma como Cristo ama a la iglesia, él necesita ser lleno con la Palabra de Dios, de la misma forma como Cristo está lleno con la Palabra de Dios.

Al varón le ha sido dada la responsabilidad muy seria, pero muy emocionante de formar las vidas de los miembros de su familia para bien. De esta manera, él se convierte en socio con Dios, en la realización de los planes creadores de Dios.

Dios le ha dado a los hombres
la habilidad de proveer y de proteger
todo aquello que Él les ha confiado
bajo su cuidado.

Las dos tareas de dominio de convertirse en proveedor y protector se encuentran entrelazadas porque trabajan conjuntamente para darle la capacidad al hombre de asegurarse asimismo, y a todos aquellos que se encuentran bajo su cuidado.

Algunos hombres han olvidado que la adoración toma precedencia por encima del trabajo. Cuando tu trabajo interfiere con tu adoración, tú has cesado de cumplir el propósito de un verdadero hombre.

Un proveedor anticipa las necesidades antes de que éstas lleguen. Un esposo amante siempre está pensando acerca de lo que su esposa va a necesitar el día de mañana, y él planea para ello desde el día de hoy.

Dios diseñó al varón para que obtenga satisfacción, tanto de su trabajo como de su función de proveedor. Cuando él es capaz de hacer estas dos cosas, él es un hombre muy feliz.

Un hombre no necesita estar casado para poder hacerse responsable de las mujeres. Debes comenzar a ser el protector de cada mujer que llega a tu presencia, porque tú fuiste creado para ser responsable por ella.

Dios les dio a los hombres el deseo de ser excelentes, para que ellos puedan ser buenos ejemplos para sus hijos, con relación a mantener su fidelidad durante los tiempos difíciles. Dios les dio a los hombres su ego para que ellos puedan venir constantemente con más motivación y más esperanza para las batallas de la vida.

Un hombre no decide ponerse a trabajar—el ha sido diseñado para trabajar. El no decide ponerse enseñar—el ha recibido el mandamiento para que enseñe. No existe realización alguna fuera de la satisfacción de tu propósito.

Al hombre le fue dado el trabajo antes de que la mujer fuera creada. Esto significa que aún antes de que el hombre necesite a la mujer, y aún antes de que él esté listo para el matrimonio, él necesita trabajar.

Dios diseñó a los hombres y a las mujeres como seres sexuales. Dios creó el sexo y dijo que es *"muy bueno"* (Génesis 1:31). Dios sólo es negativo con relación al mal uso del sexo.

El matrimonio nos permite gozar del sexo al máximo. Existe completa libertad dentro de las leyes de Dios. Pero cuando tú violas las leyes de Dios, la primera cosa que pierdes es tu paz.

Debes recordar que el sexo es una señal física de un acto espiritual—el hecho de entregarse completamente el uno al otro, y el uno por el otro. El amor matrimonial es la fusión del esposo con la esposa.

Como hombres cristianos, necesitamos enseñar a los hombres más jóvenes que la atracción sexual es psicológica, y que no deben actuar en ello fuera de la relación matrimonial.

La respuesta a las preguntas acerca del sexo es esta: debes comportarte. Este es el final de la discusión. No permitas que una mujer tome ventaja de ti—y debes asegurarte que no tomes ventaja de los sentimientos que una mujer tenga por ti.

Debes tener mucho cuidado en la forma como respondes a las atenciones y alabanzas de una mujer. Si esto comienza a llevarlos a una atracción que no es adecuada, tú sabes que necesitas retirarte.

Dios le ha dado las mujeres ciertas cualidades muy fuertes que los varones no poseen. Hasta que el varón llegue a reconocer las cualidades tan fuertes que Dios le dio a las mujeres, él va a seguir siendo débil en esas áreas, debido a que la mujer ha sido diseñada para suplir lo que le falta al hombre.

Cuando los hombres esperan que las mujeres piensen, reaccionen, y se comporten de la misma forma como ellos lo hacen—esto es, cuando ellos no saben, no conocen, o no aprecian las diferencias entre hombres y mujeres que Dios ha creado—ellos van a experimentar serios conflictos con las mujeres.

Cuando los hombres y las mujeres entienden y valoran el propósito de los unos y los otros, ellos pueden tener relaciones muy recompensadoras, y pueden fundir sus diseños únicos en forma armoniosa para la gloria de Dios.

Las necesidades principales de los hombres son respecto, compañía recreativa, y sexo. Las necesidades principales de las mujeres son amor, conversación, y afecto.

Un hombre soltero necesita tanto respeto como lo necesita un hombre casado. El necesita la afirmación como hermanas de parte de parientes y amigas femeninas para que él pueda sentirse realizado como hombre.

Cuando una pareja casada comparte aspectos importantes de su vida el uno con el otro, ellos edifican el entendimiento, la compañía, y la intimidad en su matrimonio.

Un hombre necesita compartir sus intereses, y una mujer necesita la conversación; estas necesidades que se relacionan entre sí pueden convertirse en un puente maravilloso de comunicación entre los hombres y las mujeres.

Cuando un hombre habla, generalmente se trata de la expresión de lo que él está *pensando.* Cuando una mujer habla, generalmente se trata de la expresión de lo que ella está *sintiendo.* Ellos están comunicando dos tipos diferentes de información.

Los hombres y las mujeres pueden eliminar la mayor parte de la frustración en sus relaciones, por medio de entender las características de resolución de problemas de uno y del otro, y por medio de usarlas para beneficiarse los unos a los otros.

Ninguna persona, y ningún género puede ver al mundo con la perspectiva total y completa. Por lo tanto, Dios ha diseñado al hombre y a la mujer para que vivan y trabajen juntos en unidad, a fin de contar con una experiencia mucho más sabia y más rica de la vida.

Si tú quieres ser bendecido, no te enfoques en tus necesidades, sino enfócate en descubrir cuáles son las necesidades de la otra persona, y busca la manera de suplirlas.

El padre está supuesto a representar la paternidad de Dios para sus hijos.

Hombres, nosotros tenemos un tremendo llamamiento delante de nosotros para cambiar no solamente nuestras perspectivas acerca de lo que significa ser padres, sino también para cambiar las perspectivas de nuestros hijos. Tenemos que comunicarles a ellos los estándares y los mandamientos de Dios.

La más grande herencia que un hombre puede dejarle a sus hijos y a sus hijas no consiste en dinero o propiedades, sino en la fe.

Comprarles cosas a tus hijos no significa que tú los amas. El amor no consiste en comprar regalos. El amor consiste en que *tú te conviertas en el regalo.*

El amor también significa corregir, castigar, y reprobar a tus hijos cuando lo necesiten. Los hijos y las hijas están rogando ser corregidos, pero muchos padres no tienen los sentidos como para darse cuenta de esto.

Un padre necesita leer y estudiar la Palabra de Dios para que él pueda enseñarla a sus hijos. Es imposible enseñar algo que tú no has aprendido en primer lugar.

*"Yo fui quien enseñó a caminar a Efraín"* (Oseas 11:3). Nuestro Padre Celestial tiene un interés personal en nuestro entrenamiento. De igual manera, nosotros necesitamos entrenar a nuestros hijos en forma muy personal.

Tus hijos necesitan disciplina, lo cual involucra inculcar el carácter moral y mental en ellos, así como darles los valores que necesitan. Tú no impartes valores sólo por medio de castigarlos. Tú les impartes los valores por medio de corregirlos.

Consuela a tus hijos a través de hacerles saber que son muy amados, aun cuando ellos cometan errores o no vivan a la altura de tus expectativas. Escucha atentamente sus luchas y sus problemas con bondad y con entendimiento. Abrazarlos amorosamente y dales palabras amorosas cuando se sienten tristes.

Para poder ser un buen consolador, tú tienes que estar accesible para tus hijos. Tú tienes que saber lo que está pasando en sus vidas, de tal manera que puedas conocer todo aquello por lo que están atravesando, así como sus luchas y sus soledades.

A medida que imitas a tu Padre Celestial, tus hijos te van a imitar a ti, y van a reflejar el carácter y la vida de su Dios Creador. De esto es de lo que se trata la tarea de dominio de los padres.

Tú naciste como un varón, pero tú tienes que convertirte en un verdadero hombre. Para poder convertirse en un verdadero hombre, el varón necesita entender que los propósitos de Dios deben impregnar su vida por completo, de tal manera que lleguen a rebosar hacia las vidas de los demás.

Un verdadero hombre necesita ser renovado espiritualmente para que la plenitud de la imagen y semejanza de Dios sea restaurada a su vida.

Un verdadero hombre aspira a trabajar y a desarrollar sus dones y talentos. La motivación de un verdadero hombre para trabajar es llegar a realizar los propósitos para los cuales él fue creado.

Un verdadero hombre busca motivar a los demás para que reflejen la imagen y la creatividad de Dios en todo lo que son y en todo lo que hacen—espiritualmente, emocionalmente, psicológicamente, y físicamente.

Un verdadero hombre ejercita la compasión, la misericordia, y la justicia. A través de ellas, él muestra su verdadera fuerza y trae el reino de Dios a los demás.

Los hombres deben entender que son responsables de todas las tareas que tienen que ver con su propósito. Toda la revelación por completo tiene que penetrar completamente dentro de ti: "como un varón, yo soy un visionario, un líder, un maestro, un cultivador, un proveedor, y un protector".

Las comunidades y las naciones van a ser transformadas cuando los hombres regresen y volteen hacia Dios, y a los propósitos que Dios diseñó para ellos.

# Acerca del Autor

El Dr. Myles Munroe es un orador internacional multi dotado, autor de libros Best Sellers, maestro, educador, consultor gubernamental, consejero y hombre de negocios. Viajando extensamente alrededor del mundo, el tema central de su mensaje es el desarrollo del liderazgo, así como el descubrimiento del destino y del propósito personal y la realización máxima del potencial del individuo. El tema central de su mensaje es la transformación de seguidores en líderes, así como poder llevar el potencial del individuo al máximo.

El Dr. Munroe es fundador y presidente de Bahamas Faith Ministries International (BFMI), que es una red de ministerios con sus oficinas en Nassau, Bahamas, el Dr. Munroe también es el fundador, productor ejecutivo y anfitrión principal de un número de programas de radio y de televisión que están en el aire a través de todo el mundo. El Dr. Munroe ha obtenido títulos de la Universidad Oral Roberts y maestrías en la Universidad de Tulsa, Oklahoma, EE.UU. y ha sido premiado con un número de distinciones honorables a nivel doctorado.

El Dr. Munroe y su esposa Ruth, viajan como un equipo, y se involucran en seminarios conjuntamente. Ambos son líderes que ministran con corazones muy sensibles y una visión internacional. Ellos son padres orgullosos de dos hijos graduados de la universidad, Charis y Chairo (Myles Jr.).